圖書在版編目（CIP）數據

孟子 ：附孟子聖迹圖 /（戰國）孟軻著. -- 揚州 ：廣陵書社，2016.3
（文華叢書）
ISBN 978-7-5554-0516-0

Ⅰ. ①孟… Ⅱ. ①孟… Ⅲ. ①儒家 Ⅳ. ①B222.51

中國版本圖書館CIP數據核字（2016）第044824號

ISBN 978-7-5554-0516-0

孟子：附孟子聖迹圖

著　　者　（戰國）孟　軻
責任編輯　王志娟　張　敏
出 版 人　曾學文
出版發行　廣陵書社
社　　址　揚州市維揚路三四九號
郵　　編　二二五〇〇九
電　　話　（〇五一四）八五二二八〇八八　八五二二八〇八九
印　　刷　揚州廣陵古籍刻印社
版　　次　二〇一六年三月第一版第一次印刷
標準書號　ISBN 978-7-5554-0516-0
定　　價　壹佰貳拾圓整（全兩册）

http://www.yzglpub.com　E-mail:yzglss@163.com

孟子

附孟子聖迹圖

（戰國）孟軻　著

廣陵書社

中國·揚州

文華叢書序

時代變遷，經典之風采不衰；文化演進，傳統之魅力更著。古人有登高懷遠之慨，今人有探幽訪勝之思。在印刷裝幀技術日新月異的今天，國粹綫裝書的踪迹愈來愈難尋覓，給傾慕傳統的讀書人帶來了不少惆悵和遺憾。我們編印《文華叢書》，實是爲喜好傳統文化的士子提供精神的享受和慰藉。

叢書立意是將傳統文化之精華萃于一編。以内容言，所選均爲經典名著，自諸子百家、詩詞散文以至蒙學讀物、明清小品，咸予收羅，經數年之積纍，已蔚然可觀。以形式言，則採用激光照排，文字大方，版式疏朗，宣紙精印，綫裝裝幀，讀來令人賞心悦目。同時，爲方便更多的讀者購買，復盡量降低成本、降低定價，好讓綫裝珍品更多地進入尋常百姓人家。

可以想象，讀者于忙碌勞頓之餘，安坐窗前，手捧一册古樸精巧的綫裝書，細細把玩，静静研讀，如沐春風，如品醇釀……此情此景，令人神往。

讀者對于綫裝書的珍愛使我們感受到傳統文化的魅力。近年來，叢書中的許多品種均一再重印。爲方便讀者閱讀收藏，特進行改版，將開本略作調整，擴大成書尺寸，以使版面更加疏朗美觀。相信《文華叢書》會贏得越來越多讀者的喜愛。

有《文華叢書》相伴，可享受高品位的生活。

廣陵書社編輯部

二〇一五年十一月

孟子像

孟子

孟軻，字子輿，鄒人。宋元豐七年與顔子配享孔廟，封鄒國公。越一百八十餘年，爲咸淳三年，曾子、子思子始列四配。元至順元年加封鄒國亞聖公。明嘉靖元年改稱亞聖孟子。

韓愈曰：孟軻師子思，子思之學，蓋出曾子。

（選自清王定安輯《宗聖志》卷一）

出版説明

孟子名軻，字未確知，有子車、子居、子輿等説，鄒（今山東鄒城）人。其生卒具體年份不知，就歷史資料來看，大約與孔門子思、曾子生活的年代相去不遠，而通常認爲在公元前三七二年至公元前二八九年。其先世在史書中無太多記載，而流傳較多的則是孟母三遷、斷機、殺豚、去妻的故事，可見孟母良好的教育對其影響頗大。孟子四十歲前後出仕于鄒，先後游歷齊、梁、宋、滕諸國，雖未獲得官職，卻得到了一些王公、士人的敬重，《孟子》一書的内容也較多地記載了孟子的這些經歷和思考。

孟子與孔門子思、曾子的傳承授受關係，自劉向和司馬遷始，就有不同的看法，而近現代人的考證研究，更傾向于認爲孟子並非師承曾子，亦非直接受業于子思。然而，作爲儒家學者地位中僅次于孔子的『亞聖』，又與子思並稱『思孟學派』之宗主，其思想的發生，必然受到前代各人的影響。《孟子》在後來被置經學博士，位列『十三經』及『四書』之一而成爲儒家經典之一種，書中對孔子言語的引述，都體現其在儒家正宗傳承中的關鍵作用。

同其他先秦諸子典籍一樣，《孟子》亦不能確定完全出自孟子一人或其直傳弟子之手，但其中初具完整、系統性的問答場景，前後基本一致的文體，浩浩蕩蕩的辯論藝術，都表明它逐漸具備有意識爲文的特點，師法《論語》而自身參與成書的可能性增大了。孟子的時代有好辯論的風氣，在《孟子》中表現得典型而獨特，其辯論目的明確、巧設話題、善用比喻，因此成爲先秦議論文之典範。

從内容來看，《孟子》全書共七篇，東漢趙岐作章句并分各篇爲上下，定爲十四卷。其思想集中體現在『王霸之辨』『經權之辨』『義利之辨』『人性之辨』上，黜霸道而揚王道，在此之下對于理想君主的修爲，對君臣、君民關係，君王如何養民、富民、教民，亦作了詳細而生動的闡述。在這些大的主題之下，貫穿了孟子對于善惡、天命、仁義、理想人格的認識。此外，對于『美』『詩』『樂』『氣』的論述，這些都較《論語》更具體而有所發揚和新變，且更具實踐性。

經典的確立必然經過了漫長歷史的選擇，《孟子》正是這樣形質兼備的著作，其影響力大抵與儒家學説的生命力是同在的。我社擇朱熹《孟子章句集注》爲底本，并以楊伯峻先生《孟子譯注》參校，增加清人王定安所輯《宗聖志》之孟子小像，以及顧沅《聖廟祀典圖考》之《孟子聖迹圖》，將此經典再呈現給讀者，以期在讀書、修身、治事上裨益諸君。

廣陵書社編輯部

二〇一六年一月

目録

孟子序說

《史記·列傳》曰：『孟軻，騶人也。受業子思之門人。道既通，游事齊宣王，宣王不能用。適梁，梁惠王不果所言，則見以爲迂遠而闊于事情。當是之時，秦用商鞅，楚、魏用吳起，齊用孫子、田忌。天下方務于合從連衡，以攻伐爲賢。而孟軻乃述唐、虞、三代之德，是以所如者不合。退而與萬章之徒序《詩》、《書》，述仲尼之意，作《孟子》七篇。』

韓子曰：『堯以是傳之舜，舜以是傳之禹，禹以是傳之湯，湯以是傳之文、武、周公，文、武、周公傳之孔子，孔子傳之孟軻。軻之死，不得其傳焉。荀與揚也，擇焉而不

精，語焉而不詳。』又曰：『孟氏，醇乎醇者也。荀與揚，大醇而小疵。』又曰：『孔子之道大而能博，門弟子不能遍觀而盡識也，故學焉而皆得其性之所近。其後離散，分處諸侯之國，又各以其所能授弟子，源遠而末益分。惟孟軻師子思，而子思之學出于曾子。自孔子没，獨孟軻氏之傳得其宗。故求觀聖人之道者，必自孟子始。』又曰：『揚子雲曰：「古者楊、墨塞路，孟子辭而辟之，廓如也。」夫楊、墨行，正道廢。孟子雖賢聖，不得位，空言無施，雖切何補？然賴其言，而今之學者尚知宗孔氏，崇仁義，貴王賤霸而已。其大經大法，皆滅亡而不救，壞爛而不收。所

謂存十一于千百，安在其能廓如也？然向無孟氏，則皆服左衽而言侏離矣。故愈嘗推尊孟氏，以爲功不在禹下者，爲此也。』

或問于程子曰：『孟子還可謂聖人否？』程子曰：『未敢便道他是聖人，然學已到至處。』程子又曰：『孟子有功于聖門，不可勝言。仲尼只說一個「仁」字，孟子開口便說「仁義」。仲尼只說一個「志」，孟子便說許多「養氣」出來。只此二字，其功甚多。』又曰：『孟子有大功于世，以其言「性善」也。』又曰：『孟子「性善」、「養氣」之論，皆前聖所未發。』又曰：『學者全要識時。若不識時，不足以言學。顏子陋巷自樂，以有孔子在焉。若孟子之時，世既無人，安

可不以道自任？』又曰：『孟子有些英氣。纔有英氣，便有圭角。英氣甚害事。如顏子，便渾厚不同。顏子去聖人只毫髮間。孟子大賢，亞聖之次也。或曰：「英氣見于甚處？」曰：「但以孔子之言比之，便可見。且如冰與水精非不光，比之玉，自是有溫潤含蓄氣象，無許多光耀也。』

楊氏曰：『《孟子》一書，只是要正人心，教人存心養性，收其放心。至論仁、義、禮、智，則以惻隱、羞惡、辭讓、是非之心爲之端。論邪說之害，則曰：「生于其心，害于其政。」論事君，則曰「格君心之非」，「一正君而國定」。千變萬化，只說從心上來。人能正心，則事無足爲者矣。《大學》之修身、齊家、治國、平天下，其本只是正心、誠意

而已。心得其正，然後知性之善，故孟子遇人便道「性善」。歐陽永叔却言「聖人之教人，性非所先」，可謂誤矣。人性上不可添一物，堯、舜所以爲萬世法，亦是率性而已。所謂率性，循天理是也。外邊用計用數，假饒立得功業，只是人欲之私。與聖賢作處，天地懸隔。』

卷一　梁惠王章句上

孟子見梁惠王。王曰：『叟！不遠千里而來，亦將有以利吾國乎？』孟子對曰：『王！何必曰利？亦有仁義而已矣。王曰：「何以利吾國？」大夫曰：「何以利吾家？」士庶人曰：「何以利吾身？」上下交征利，而國危矣。萬乘之國，弑其君者，必千乘之家；千乘之國，弑其君者，必百乘之家。萬取千焉，千取百焉，不爲不多矣。苟爲後義而先利，不奪不饜。未有仁而遺其親者也，未有義而後其君者也。王亦曰仁義而已矣，何必曰利？』

孟子見梁惠王。王立于沼上，顧鴻雁麋鹿，曰：『賢

者亦樂此乎？』孟子對曰：『賢者而後樂此，不賢者雖有此，不樂也。《詩》云：「經始靈臺，經之營之。庶民攻之，不日成之。經始勿亟，庶民子來。王在靈囿，麀鹿攸伏。麀鹿濯濯，白鳥鶴鶴。王在靈沼，于牣魚躍。」文王以民力爲臺爲沼，而民歡樂之，謂其臺曰靈臺，謂其沼曰靈沼，樂其有麋鹿魚鼈。古之人與民偕樂，故能樂也。《湯誓》曰：「時日害喪？予及女偕亡！」民欲與之偕亡，雖有臺池鳥獸，豈能獨樂哉？』

梁惠王曰：『寡人之于國也，盡心焉耳矣。河內凶，則移其民于河東，移其粟于河內。河東凶亦然。察鄰國之政，無如寡人之用心者。鄰國之民不加少，寡人之民不加

多，何也？』孟子對曰：『王好戰，請以戰喻。填然鼓之，兵刃既接，弃甲曳兵而走，或百步而後止，或五十步而後止。以五十步笑百步，則何如？』曰：『不可。直不百步耳，是亦走也。』曰：『王如知此，則無望民之多于鄰國也。不違農時，穀不可勝食也；數罟不入洿池，魚鱉不可勝食也。斧斤以時入山林，材木不可勝用也。穀與魚鱉不可勝食，材木不可勝用，是使民養生喪死無憾也。養生喪死無憾，王道之始也。五畝之宅，樹之以桑，五十者可以衣帛矣。鷄豚狗彘之畜，無失其時，七十者可以食肉矣。百畝之田，勿奪其時，數口之家可以無飢矣。謹庠序之教，申之以孝悌之義，頒白者不負戴于道路矣。七十者衣帛食肉，黎民不飢不寒，然而不王者，未之有也。狗彘食人食而不知檢，塗有餓莩而不知發；人死，則曰：「非我也，歲也。」是何異于刺人而殺之，曰：「非我也，兵也。」王無罪歲，斯天下之民至焉。』

梁惠王曰：『寡人願安承教。』孟子對曰：『殺人以梃與刃，有以異乎？』曰：『無以異也。』『以刃與政，有以異乎？』曰：『無以異也。』曰：『庖有肥肉，廐有肥馬，民有飢色，野有餓莩，此率獸而食人也。獸相食，且人惡之，爲民父母行政，不免于率獸而食人，惡在其爲民父母也？仲尼曰：「始作俑者，其無後乎！」爲其象人而用之也。如之何其使斯民飢而死也？』

梁惠王曰：『晉國，天下莫強焉，叟之所知也。及寡人之身，東敗于齊，長子死焉；西喪地于秦七百里；南辱于楚。寡人耻之，願比死者一洒之，如之何則可？』孟子對曰：『地方百里而可以王。王如施仁政于民，省刑罰，薄稅斂，深耕易耨，壯者以暇日修其孝悌忠信，入以事其父兄，出以事其長上，可使制梃以撻秦、楚之堅甲利兵矣。彼奪其民時，使不得耕耨以養其父母。父母凍餓，兄弟妻子離散。彼陷溺其民，王往而征之，夫誰與王敵？故曰：「仁者無敵。」王請勿疑！』

孟子見梁襄王，出，語人曰：『望之不似人君，就之而不見所畏焉。卒然問曰：「天下惡乎定？」吾對曰：「定

于一。」「孰能一之？」對曰：「不嗜殺人者能一之。」「孰能與之？」對曰：「天下莫不與也。王知夫苗乎？七、八月之間旱，則苗槁矣。天油然作雲，沛然下雨，則苗浡然興之矣。其如是，孰能禦之？今夫天下之人牧，未有不嗜殺人者也。如有不嗜殺人者，則天下之民皆引領而望之矣。誠如是也，民歸之，由水之就下，沛然誰能禦之？」』

齊宣王問曰：『齊桓、晉文之事，可得聞乎？』孟子對曰：『仲尼之徒無道桓文之事者，是以後世無傳焉，臣未之聞也。無以，則王乎？』曰：『德何如，則可以王矣？』曰：『保民而王，莫之能禦也。』曰：『若寡人者，可以保民乎哉？』曰：『可。』曰：『何由知吾可也？』曰：『臣

聞之胡齕曰：王坐于堂上，有牽牛而過堂下者，王見之，曰：「牛何之？」對曰：「將以釁鐘。」王曰：「舍之！吾不忍其觳觫，若無罪而就死地。」對曰：「然則廢釁鐘與？」曰：「何可廢也？以羊易之！」不識有諸？』曰：『有之。』曰：『是心足以王矣。百姓皆以王爲愛也，臣固知王之不忍也。』王曰：『然。誠有百姓者。齊國雖褊小，吾何愛一牛？即不忍其觳觫，若無罪而就死地，故以羊易之也。』曰：『王無異于百姓之以王爲愛也，以小易大，彼惡知之？王若隱其無罪而就死地，則牛羊何擇焉？』王笑曰：『是誠何心哉？我非愛其財而易之以羊也。宜乎百姓之謂我愛也。』曰：『無傷也。是乃仁術也，見牛未見羊也。君子之于禽獸也，見其生，不忍見其死；聞其聲，不忍食其肉。是以君子遠庖厨也。』王説，曰：『《詩》云：「他人有心，予忖度之。」夫子之謂也。夫我乃行之，反而求之，不得吾心。夫子言之，于我心有戚戚焉。此心之所以合于王者，何也？』曰：『有復于王者曰：「吾力足以舉百鈞，而不足以舉一羽；明足以察秋毫之末，而不見輿薪。」則王許之乎？』曰：『否。』『今恩足以及禽獸，而功不至于百姓者，獨何與？然則一羽之不舉，爲不用力焉；輿薪之不見，爲不用明焉；百姓之不見保，爲不用恩焉。故王之不王，不爲也，非不能也。』曰：『不爲者與不能者之形何以異？』曰：『挾太山以超北海，語人曰：「我不能。」

是誠不能也。爲長者折枝，語人曰：「我不能。」是不爲也，非不能也。故王之不王，非挾太山以超北海之類也；王之不王，是折枝之類也。老吾老，以及人之老；幼吾幼，以及人之幼。天下可運于掌。《詩》云：「刑于寡妻，至于兄弟，以御于家邦。」言舉斯心加諸彼而已。故推恩足以保四海，不推恩無以保妻子。古之人所以大過人者，無他焉，善推其所爲而已矣。今恩足以及禽獸，而功不至于百姓者，獨何與？權，然後知輕重；度，然後知長短。物皆然，心爲甚。王請度之！抑王興甲兵，危士臣，構怨于諸侯，然後快于心與？』王曰：『否。吾何快于是？將以求吾所大欲也。』曰：『王之所大欲，可得聞與？』王笑

而不言。曰：『爲肥甘不足于口與？輕暖不足于體與？抑爲采色不足視于目與？聲音不足聽于耳與？便嬖不足使令于前與？王之諸臣皆足以供之，而王豈爲是哉？』曰：『否。吾不爲是也。』曰：『然則王之所大欲可知已。欲辟土地，朝秦、楚，莅中國而撫四夷也。以若所爲求若所欲，猶緣木而求魚也。』王曰：『若是其甚與？』曰：『殆有甚焉。緣木求魚，雖不得魚，無後災。以若所爲求若所欲，盡心力而爲之，後必有災。』曰：『可得聞與？』曰：『鄒人與楚人戰，則王以爲孰勝？』曰：『楚人勝。』曰：『然則小固不可以敵大，寡固不可以敵衆，弱固不可以敵强。海内之地，方千里者九，齊集有其一。以一服八，

何以異于鄒敵楚哉？蓋亦反其本矣。今王發政施仁，使天下仕者皆欲立于王之朝，耕者皆欲耕于王之野，商賈皆欲藏于王之市，行旅皆欲出于王之塗，天下之欲疾其君者皆欲赴訴于王。其若是，孰能禦之？』王曰：『吾惛，不能進于是矣。願夫子輔吾志，明以教我。我雖不敏，請嘗試之。』曰：『無恒産而有恒心者，惟士爲能。若民則無恒産，因無恒心。苟無恒心，放辟邪侈，無不爲已。及陷于罪，然後從而刑之，是罔民也。焉有仁人在位罔民而可爲也？是故明君制民之産，必使仰足以事父母，俯足以畜妻子，樂歲終身飽，凶年免于死亡。然後驅而之善，故民之從之也輕。今也制民之産，仰不足以事父母，俯不足以畜妻

子，樂歲終身苦，凶年不免于死亡。此惟救死而恐不贍，奚暇治禮義哉？王欲行之，則盍反其本矣：五畝之宅，樹之以桑，五十者可以衣帛矣。鷄豚狗彘之畜，無失其時，七十者可以食肉矣。百畝之田，勿奪其時，八口之家可以無飢矣。謹庠序之教，申之以孝悌之義，頒白者不負戴于道路矣。老者衣帛食肉，黎民不飢不寒，然而不王者，未之有也。』

卷二　梁惠王章句下

莊暴見孟子，曰：『暴見于王，王語暴以好樂，暴未有以對也。』曰：『好樂何如？』孟子曰：『王之好樂甚，則齊國其庶幾乎！』他日，見于王，曰：『王嘗語莊子以好樂，有諸？』王變乎色，曰：『寡人非能好先王之樂也，直好世俗之樂耳。』曰：『王之好樂甚，則齊其庶幾乎！今之樂猶古之樂也。』曰：『可得聞與？』曰：『獨樂樂，與人樂樂，孰樂？』曰：『不若與人。』曰：『與少樂樂，與衆樂樂，孰樂？』曰：『不若與衆。』『臣請爲王言樂。今王鼓樂于此，百姓聞王鐘鼓之聲，管籥之音，舉疾首蹙頞而相告曰：「吾王之好鼓樂，夫何使我至于此極也？父子不相見，兄弟妻子離散。」今王田獵于此，百姓聞王車馬之音，見羽旄之美，舉疾首蹙頞而相告曰：「吾王之好田獵，夫何使我至于此極也？父子不相見，兄弟妻子離散。」此無他，不與民同樂也。今王鼓樂于此，百姓聞王鐘鼓之聲，管籥之音，舉欣欣然有喜色而相告曰：「吾王庶幾無疾病與？何以能鼓樂也？」今王田獵于此，百姓聞王車馬之音，見羽旄之美，舉欣欣然有喜色而相告曰：「吾王庶幾無疾病與？何以能田獵也？」此無他，與民同樂也。今王與百姓同樂，則王矣。』

齊宣王問曰：『文王之囿方七十里，有諸？』孟子對曰：『于傳有之。』曰：『若是其大乎？』曰：『民猶以爲小也。』曰：『寡人之囿方四十里，民猶以爲大，何也？』曰：『文王之囿方七十里，芻蕘者往焉，雉兔者往焉，與民同之。民以爲小，不亦宜乎？臣始至于境，問國之大禁，然後敢入。臣聞郊關之內，有囿方四十里，殺其麋鹿者如殺人之罪，則是方四十里爲阱于國中。民以爲大，不亦宜乎？』

齊宣王問曰：『交鄰國有道乎？』孟子對曰：『有。惟仁者爲能以大事小，是故湯事葛，文王事昆夷。惟智者爲能以小事大，故大王事獯鬻，勾踐事吳。以大事小者，樂天者也；以小事大者，畏天者也。樂天者保天下，畏天者保其國。《詩》云：「畏天之威，于時保之。」』王曰：『大哉言矣！寡人有疾，寡人好勇。』對曰：『王請無好小勇。夫撫劍疾視，曰：「彼惡敢當我哉！」此匹夫之勇，敵一人者也。王請大之！《詩》云：「王赫斯怒，爰整其旅。以遏徂莒，以篤周祜，以對于天下。」此文王之勇也。文王一怒而安天下之民。《書》曰：「天降下民，作之君，作之師。惟曰其助上帝，寵之四方。有罪無罪，惟我在。天下曷敢有越厥志？」一人衡行于天下，武王耻之。此武王之勇也。而武王亦一怒而安天下之民。今王亦一怒而安天下之民，民惟恐王之不好勇也。』

齊宣王見孟子于雪宮。王曰：『賢者亦有此樂乎？』

孟子對曰：『有。人不得，則非其上矣。不得而非其上者，非也；爲民上而不與民同樂者，亦非也。樂民之樂者，民亦樂其樂；憂民之憂者，民亦憂其憂。樂以天下，憂以天下，然而不王者，未之有也。昔者齊景公問于晏子曰：「吾欲觀于轉附、朝儛，遵海而南，放于琅邪，吾何修而可以比于先王觀也？」晏子對曰：「善哉問也！天子適諸侯曰巡狩。巡狩者，巡所守也。諸侯朝于天子曰述職。述職者，述所職也。無非事者，春省耕而補不足，秋省斂而助不給。夏諺曰：「吾王不遊，吾何以休？吾王不豫，吾何以助？一遊一豫，爲諸侯度。」今也不然，師行而糧食，飢者弗食，勞者弗息。睊睊胥讒，民乃作慝。方命虐民，飲食若流，流連荒亡，爲諸侯憂。從流下而忘反，謂之流；從流上而忘反，謂之連；從獸無厭謂之荒，樂酒無厭謂之亡。先王無流連之樂，荒亡之行。惟君所行也。」景公說，大戒于國，出舍于郊。于是始興發補不足。召太師曰：「爲我作君臣相說之樂。」蓋《徵招》、《角招》是也。其詩曰：「畜君何尤？」畜君者，好君也。』

齊宣王問曰：『人皆謂我毀明堂，毀諸？已乎？』孟子對曰：『夫明堂者，王者之堂也。王欲行王政，則勿毀之矣。』王曰：『王政可得聞與？』對曰：『昔者文王之治岐也，耕者九一，仕者世祿，關市譏而不征，澤梁無禁，罪人不孥。老而無妻曰鰥，老而無夫曰寡，老而無子曰獨，幼而無父曰孤。此四者，天下之窮民而無告者。文王發政施仁，必先斯四者。《詩》云：「哿矣富人，哀此煢獨！」』王曰：『善哉言乎！』曰：『王如善之，則何爲不行？』王曰：『寡人有疾，寡人好貨。』對曰：『昔者公劉好貨，《詩》云：「乃積乃倉，乃裹餱糧，于橐于囊。思戢用光。弓矢斯張，干戈戚揚，爰方啓行」。故居者有積倉，行者有裹囊也，然後可以爰方啓行。王如好貨，與百姓同之，于王何有？』王曰：『寡人有疾，寡人好色。』對曰：『昔者大王好色，愛厥妃。《詩》云：「古公亶父，來朝走馬。率西水滸，至于岐下。爰及姜女，聿來胥宇。」當是時也，內無怨女，外無曠夫。王如好色，與百姓同之，于王何有？』

孟子謂齊宣王曰：『王之臣有托其妻子于其友而之楚遊者，比其反也，則凍餒其妻子，則如之何？』王曰：『弃之。』曰：『士師不能治士，則如之何？』王曰：『已之。』曰：『四境之內不治，則如之何？』王顧左右而言他。

孟子見齊宣王，曰：『所謂故國者，非謂有喬木之謂也，有世臣之謂也。王無親臣矣，昔者所進，今日不知其亡也。』王曰：『吾何以識其不才而舍之？』曰：『國君進賢，如不得已，將使卑逾尊，疏逾戚，可不慎與？左右皆曰賢，未可也；諸大夫皆曰賢，未可也；國人皆曰賢，然後察之；見賢焉，然後用之。左右皆曰不可，勿聽；諸大夫皆曰不可，勿聽；國人皆曰不可，然後察之；見不可焉，然後去之。左右皆曰可殺，勿聽；諸大夫皆曰可殺，勿聽；國人皆曰可殺，然後察之；見可殺焉，然後殺之。故曰國人殺之也。如此，然後可以爲民父母。』

齊宣王問曰：『湯放桀，武王伐紂，有諸？』孟子對曰：『于傳有之。』曰：『臣弑其君，可乎？』曰：『賊仁者謂之賊，賊義者謂之殘。殘賊之人，謂之一夫。聞誅一夫紂矣，未聞弑君也。』

孟子謂齊宣王，曰：『爲巨室，則必使工師求大木。工師得大木，則王喜，以爲能勝其任也。匠人斫而小之，則王怒，以爲不勝其任矣。夫人幼而學之，壯而欲行之，王曰「姑舍女所學而從我」，則何如？今有璞玉于此，雖萬鎰，必使玉人雕琢之。至于治國家，則曰「姑舍女所學而從我」，則何以異于教玉人雕琢玉哉？』

齊人伐燕，勝之。宣王問曰：『或謂寡人勿取，或謂寡人取之。以萬乘之國伐萬乘之國，五旬而舉之，人力不至于此。不取必有天殃，取之何如？』孟子對曰：『取之而燕民悦，則取之。古之人有行之者，武王是也。取之而燕民不悦，則勿取。古之人有行之者，文王是也。以萬乘之國伐萬乘之國，簞食壺漿以迎王師，豈有他哉？避水火也。如水益深，如火益熱，亦運而已矣。』

齊人伐燕，取之。諸侯將謀救燕。宣王曰：『諸侯多謀伐寡人者，何以待之？』孟子對曰：『臣聞七十里爲政于天下者，湯是也。未聞以千里畏人者也。《書》曰：「湯一征，自葛始。」天下信之。東面而征，西夷怨；南面而征，北狄怨，曰：「奚爲後我？」民望之，若大旱之望雲霓也。歸市者不止，耕者不變，誅其君而吊其民，若時雨降。民大悦。《書》曰：「徯我后，后來其蘇！」今燕虐其民，王往而征之，民以爲將拯己于水火之中也，簞食壺漿以迎王師。若殺其父兄，係累其子弟，毁其宗廟，遷其重器，如之何其可也？天下固畏齊之强也，今又倍地而不行仁政，是動天下之兵也。王速出令，反其旄倪，止其重器，謀于燕衆，置君而後去之，則猶可及止也。』

鄒與魯鬨。穆公問曰：『吾有司死者三十三人，而民莫之死也。誅之，則不可勝誅；不誅，則疾視其長上之死而不救，如之何則可也？』孟子對曰：『凶年饑歲，君之民老弱轉乎溝壑，壯者散而之四方者，幾千人矣；而君之倉廩實，府庫充，有司莫以告，是上慢而殘下也。曾子曰：「戒之，戒之！出乎爾者，反乎爾者也。」夫民今而後得反之也，君無尤焉！君行仁政，斯民親其上，死其長矣。』

滕文公問曰：『滕，小國也，間于齊、楚。事齊乎？事楚乎？』孟子對曰：『是謀非吾所能及也。無已，則有一焉：鑿斯池也，築斯城也，與民守之，效死而民弗去，則是可爲也。』

滕文公問曰：『齊人將築薛，吾甚恐，如之何則可？』

孟子對曰：『昔者大王居邠，狄人侵之，去之岐山之下居焉。非擇而取之，不得已也。苟爲善，後世子孫必有王者矣。君子創業垂統，爲可繼也。若夫成功，則天也。君如彼何哉？强爲善而已矣。』

滕文公問曰：『滕，小國也。竭力以事大國，則不得免焉，如之何則可？』孟子對曰：『昔者大王居邠，狄人侵之。事之以皮幣，不得免焉；事之以犬馬，不得免焉；事之以珠玉，不得免焉。乃屬其耆老而告之曰：「狄人之所欲者，吾土地也。吾聞之也：君子不以其所以養人者害人。二三子何患乎無君，我將去之。」去邠，逾梁山，邑于岐山之下居焉。邠人曰：「仁人也，不可失也。」從之者如

歸市。或曰：「世守也，非身之所能爲也，效死勿去。」君請擇于斯二者。』

魯平公將出，嬖人臧倉者請曰：『他日君出，則必命有司所之。今乘輿已駕矣，有司未知所之，敢請。』公曰：『將見孟子。』曰：『何哉，君所爲輕身以先于匹夫者？以爲賢乎？禮義由賢者出，而孟子之後喪逾前喪。君無見焉！』公曰：『諾。』樂正子入見，曰：『君奚爲不見孟軻也？』曰：『或告寡人曰：「孟子之後喪逾前喪。」是以不往見也。』曰：『何哉，君所謂逾者？前以士，後以大夫；前以三鼎，而後以五鼎與？』曰：『否。謂棺槨衣衾之美也。』曰：『非所謂逾也，貧富不同也。』樂正子見孟

子，曰：『克告于君，君爲來見也。嬖人有臧倉者沮君，君是以不果來也。』曰：『行或使之，止或尼之。行止，非人所能也。吾之不遇魯侯，天也。臧氏之子焉能使予不遇哉？』

卷三　公孫丑章句上

公孫丑問曰：『夫子當路于齊，管仲、晏子之功，可復許乎？』孟子曰：『子誠齊人也，知管仲、晏子而已矣。或問乎曾西曰：「吾子與子路孰賢？」曾西蹴然曰：「吾先子之所畏也。」曰：「然則吾子與管仲孰賢？」曾西艴然不悦，曰：「爾何曾比予于管仲？管仲得君如彼其專也，行乎國政如彼其久也，功烈如彼其卑也，爾何曾比予于是？」』曰：『管仲，曾西之所不爲也，而子爲我願之乎？』曰：『管仲以其君霸，晏子以其君顯。管仲、晏子猶不足爲與？』曰：『以齊王，由反手也。』曰：『若是，則弟子之惑滋甚。且以文王之德，百年而後崩，猶未洽于天下；武王、周公繼之，然後大行。今言王若易然，則文王不足法與？』曰：『文王何可當也？由湯至于武丁，賢聖之君六七作。天下歸殷久矣，久則難變也。武丁朝諸侯，有天下，猶運之掌也。紂之去武丁未久也，其故家遺俗，流風善政，猶有存者；又有微子、微仲、王子比干、箕子、膠鬲，皆賢人也，相與輔相之，故久而後失之也。尺地莫非其有也，一民莫非其臣也，然而文王猶方百里起，是以難也。齊人有言曰：「雖有智慧，不如乘勢；雖有鎡基，不如待時。」今時則易然也。夏后、殷、周之盛，地未有過千里者也，而齊有其地矣；鷄鳴狗吠相聞，而達乎四境，而齊有其民矣。地不改辟矣，民不改聚矣，行仁政而王，莫之能禦也。且王者之不作，未有疏于此時者也；民之憔悴于虐政，未有甚于此時者也。飢者易爲食，渴者易爲飲。孔子曰：「德之流行，速于置郵而傳命。」當今之時，萬乘之國行仁政，民之悦之，猶解倒懸也。故事半古之人，功必倍之，惟此時爲然。』

公孫丑問曰：『夫子加齊之卿相，得行道焉，雖由此霸王，不異矣。如此，則動心否乎？』孟子曰：『否。我四十不動心。』曰：『若是，則夫子過孟賁遠矣。』曰：『是不難。告子先我不動心。』曰：『不動心，有道乎？』曰：『有。北宫黝之養勇也，不膚撓，不目逃，思以一豪挫于人，若撻之于市朝。不受于褐寬博，亦不受于萬乘之君。視刺萬乘之君，若刺褐夫。無嚴諸侯。惡聲至，必反之。孟施舍之所養勇也，曰：「視不勝猶勝也。量敵而後進，慮勝而後會，是畏三軍者也。舍豈能爲必勝哉？能無懼而已矣。」孟施舍似曾子，北宫黝似子夏。夫二子之勇，未知其孰賢，然而孟施舍守約也。昔者曾子謂子襄曰：「子好勇乎？吾嘗聞大勇于夫子矣：自反而不縮，雖褐寬博，吾不惴焉；自反而縮，雖千萬人，吾往矣。」孟施舍之守氣，又不如曾子之守約也。』曰：『敢問夫子之不動心與告子之不動心，可得聞與？』『告子曰：「不得于言，勿求于心；不得于心，勿求于氣。」不得于心，勿求于氣，可；不得于言，勿求于心，不可。夫志，氣之帥也；氣，體之充也。夫志，至焉；氣，次焉。故曰：「持其志，無暴其氣。」』『既曰「志，至焉；氣，次焉」，又曰「持其志，無暴其氣」者，何也？』曰：『志壹則動氣，氣壹則動志也。今夫蹶者趨者，是氣也，而反動其心。』『敢問夫子惡乎長？』曰：『我知言，我善養吾浩然之氣。』『敢問何謂浩然之氣？』曰：『難言也。其爲氣也，至大至剛，以直養而無害，則塞于天地之間。其爲氣也，配義與道；無是，餒也。是集義所生者，非義襲而取之也。行有不慊于心，則餒矣。我故曰告子未嘗知義，以其外之也。必有事焉而勿正，心勿忘，勿助長也。無若宋人然：宋人有閔其苗之不長而揠之者，芒芒然歸，謂其人曰：「今日病矣！予助苗長矣！」其子趨而往視之，苗則槁矣。天下之不助苗長者寡矣。以爲無益而舍之者，不耘苗者也；助之長者，揠苗者也，非徒無益，而又害之。』『何謂知言？』曰：『詖辭知其所蔽，淫辭知其所陷，邪辭知其所離，遁辭知其所窮。生于其心，害于其政；發于其政，害于其事。聖人復起，必從吾言矣。』『宰我、子貢善爲説辭，冉牛、閔子、顔淵善言德行。孔子兼之，曰：「我于辭命，則不能也。」然則夫子既聖矣乎？』曰：『惡！是何言也！昔者子貢問于孔子，曰：「夫子聖矣乎？」孔子曰：「聖則吾不能，我學不厭而教不倦也。」子貢曰：「學不厭，智也；教不倦，仁也。仁且智，夫子既聖矣。」夫聖，孔子不居！是何言也？』『昔者竊聞之：子夏、子游、子張皆有聖人之一體，冉牛、閔子、顏淵則具體而微。敢問所安？』曰：『姑舍是。』曰：『伯夷、伊尹何如？』曰：『不同道。非其君不事，非其民不使；治則進，亂則退：伯夷也。何事非君，何使非民；治亦進，亂亦進：伊尹也。可以仕則仕，可以止則止，可以久則久，可以速則速：孔子也。皆古聖人也。吾未能有行焉，乃所願，則學孔子也。』『伯夷、伊尹于孔子，若是班乎？』曰：『否。自有生民以來，未有孔子也。』曰：『然則有同與？』曰：『有。得百里之地而君之，皆能以朝諸侯，有天下。行一不義，殺一不辜而得天下，皆不爲也。是則同。』曰：『敢問其所以異？』曰：『宰我、子貢、有若，智足以知聖人，污不至阿其所好。宰我曰：「以予觀于夫子，賢于堯、舜遠矣。」子貢曰：「見其禮而知其政，聞其樂而知其德，由百世之後，等百世之王，莫之能違也。自生民以來，未有夫子也。」有若曰：「豈惟民哉！麒麟之于走獸，鳳凰之于飛鳥，泰山之于丘垤，河海之于行潦，類也。聖人之于民，亦類也。出于其類，拔乎其萃。自生民以來，未有盛于孔子也。」』

孟子曰：『以力假仁者霸，霸必有大國；以德行仁者王，王不待大，湯以七十里，文王以百里。以力服人者，非心服也，力不贍也；以德服人者，中心悅而誠服也，如七十子之服孔子也。《詩》云：「自西自東，自南自北，無思不服。」此之謂也。』

孟子曰：『仁則榮，不仁則辱。今惡辱而居不仁，是猶惡濕而居下也。如惡之，莫如貴德而尊士，賢者在位，能者在職。國家閑暇，及是時，明其政刑。雖大國，必畏之矣。《詩》云：「迨天之未陰雨，徹彼桑土，綢繆牖戶。今此下民，或敢侮予？」孔子曰：「爲此詩者，其知道乎？能治其國家，誰敢侮予？」今國家閑暇，及是時，般樂怠敖，是自求禍也。禍福無不自己求之者。《詩》云：「永言配命，自求多福。」《太甲》曰：「天作孽，猶可違；自作孽，不可活。」此之謂也。』

孟子曰：『尊賢使能，俊杰在位，則天下之士皆悦，而願立于其朝矣；市，廛而不征，法而不廛，則天下之商皆悦，而願藏于其市矣；關，譏而不征，則天下之旅皆悦，而願出于其路矣；耕者，助而不税，則天下之農皆悦，而願耕于其野矣；廛，無夫里之布，則天下之民皆悦，而願爲之氓矣。信能行此五者，則鄰國之民仰之若父母矣。率其子弟，攻其父母，自有生民以來未有能濟者也。如此，則無敵于天下。無敵于天下者，天吏也。然而不王者，未之有也。』

孟子曰：『人皆有不忍人之心。先王有不忍人之心，斯有不忍人之政矣。以不忍人之心，行不忍人之政，治天下可運之掌上。所以謂「人皆有不忍人之心」者，今人乍見孺子將入于井，皆有怵惕惻隱之心，非所以内交于孺子之父母也，非所以要譽于鄉黨朋友也，非惡其聲而然也。由是觀之，無惻隱之心，非人也；無羞惡之心，非人也；無辭讓之心，非人也；無是非之心，非人也。惻隱之心，仁之端也；羞惡之心，義之端也；辭讓之心，禮之端也；是非之心，智之端也。人之有是四端也，猶其有四體也。有是四端而自謂不能者，自賊者也；謂其君不能者，賊其君者也。凡有四端于我者，知皆擴而充之矣，若火之始然，泉之始達。苟能充之，足以保四海；苟不充之，不足以事父母。』

孟子曰：『矢人豈不仁于函人哉？矢人唯恐不傷人，函人唯恐傷人。巫匠亦然。故術不可不慎也。孔子曰：「里仁爲美。擇不處仁，焉得智？」夫仁，天之尊爵也，人之安宅也。莫之禦而不仁，是不智也。不仁不智，無禮無義，人役也。人役而耻爲役，由弓人而耻爲弓，矢人而耻爲矢也。如耻之，莫如爲仁。仁者如射，射者正己而後發，發而不中，不怨勝己者，反求諸己而已矣。』

孟子曰：『子路，人告之以有過，則喜。禹聞善言，則拜。大舜有大焉，善與人同，舍己從人，樂取于人以爲善。自耕稼、陶、漁以至爲帝，無非取于人者。取諸人以爲善，是與人爲善者也，故君子莫大乎與人爲善。』

孟子曰：『伯夷，非其君不事，非其友不友。不立于惡人之朝，不與惡人言；立于惡人之朝，與惡人言，如以朝衣朝冠坐于塗炭。推惡惡之心，思與鄉人立，其冠不正，望望然去之，若將浼焉。是故諸侯雖有善其辭命而至者，不受也。不受也者，是亦不屑就已。柳下惠不羞污君，不卑小官；進不隱賢，必以其道；遺佚而不怨，阨窮而不憫，故曰：「爾爲爾，我爲我，雖袒裼裸裎于我側，爾焉能浼我哉？」故由由然與之偕而不自失焉，援而止之而止。援而止之而止者，是亦不屑去已。』孟子曰：『伯夷隘，柳下惠不恭。隘與不恭，君子不由也。』

卷四　公孫丑章句下

孟子曰：『天時不如地利，地利不如人和。三里之城，七里之郭，環而攻之而不勝。夫環而攻之，必有得天時者矣；然而不勝者，是天時不如地利也。城非不高也，池非不深也，兵革非不堅利也，米粟非不多也；委而去之，是地利不如人和也。故曰：域民不以封疆之界，固國不以山溪之險，威天下不以兵革之利。得道者多助，失道者寡助。寡助之至，親戚畔之；多助之至，天下順之。以天下之所順，攻親戚之所畔；故君子有不戰，戰必勝矣。』

孟子將朝王，王使人來曰：『寡人如就見者也，有寒疾，不可以風。朝，將視朝，不識可使寡人得見乎？』對曰：『不幸而有疾，不能造朝。』明日，出吊于東郭氏。公孫丑曰：『昔者辭以病，今日吊，或者不可乎？』曰：『昔者疾，今日愈，如之何不吊？』王使人問疾，醫來，孟仲子對曰：『昔者有王命，有采薪之憂，不能造朝。今病小愈，趨造于朝，我不識能至否乎？』使數人要于路，曰：『請必無歸而造于朝！』不得已而之景丑氏宿焉。景子曰：『內則父子，外則君臣，人之大倫也。父子主恩，君臣主敬。丑見王之敬子也，未見所以敬王也。』曰：『惡！是何言也！齊人無以仁義與王言者，豈以仁義爲不美也？其心曰「是何足與言仁義也」云爾，則不敬莫大乎是。我非堯、舜之道，不敢以陳于王前，故齊人莫如我敬王也。』景子曰：『否，非此之謂也。《禮》曰：「父召，無諾；君命召，不俟駕。」固將朝也，聞王命而遂不果，宜與夫禮若不相似然。』曰：『豈謂是與？曾子曰：「晉、楚之富，不可及也。彼以其富，我以吾仁；彼以其爵，我以吾義。吾何慊乎哉？」夫豈不義而曾子言之？是或一道也。天下有達尊三：爵一，齒一，德一。朝廷莫如爵，鄉黨莫如齒，輔世長民莫如德。惡得有其一以慢其二哉？故將大有爲之君，必有所不召之臣；欲有謀焉，則就之。其尊德樂道，不如是不足與有爲也。故湯之于伊尹，學焉而後臣之，故不勞而王；桓公之于管仲，學焉而後臣之，故不勞而霸。今天下地丑德齊，莫能相尚，無他，好臣其所教，而不好臣其所受教。湯之于伊尹，桓公之于管仲，則不敢召。管仲且猶不可召，而況不爲管仲者乎？』

陳臻問曰：『前日于齊，王饋兼金一百而不受；于宋，饋七十鎰而受；于薛，饋五十鎰而受。前日之不受是，則今日之受非也；今日之受是，則前日之不受非也。夫子必居一于此矣。』孟子曰：『皆是也。當在宋也，予將有遠行，行者必以贐；辭曰「饋贐」，予何爲不受？當在薛也，予有戒心；辭曰：「聞戒，故爲兵饋之。」予何爲不受？若于齊，則未有處也。無處而饋之，是貨之也。焉有君子而可以貨取乎？』

孟子之平陸，謂其大夫曰：『子之持戟之士，一日而三失伍，則去之否乎？』曰：『不待三。』『然則子之失伍也亦多矣。凶年饑歲，子之民，老羸轉于溝壑，壯者散而之四方者，幾千人矣。』曰：『此非距心之所得爲也。』曰：『今有受人之牛羊而爲之牧之者，則必爲之求牧與芻矣。求牧與芻而不得，則反諸其人乎？抑亦立而視其死與？』曰：『此則距心之罪也。』他日，見于王曰：『王之爲都者，臣知五人焉。知其罪者，惟孔距心。』爲王誦之。王曰：『此則寡人之罪也。』

孟子謂蚳鼃曰：『子之辭靈丘而請士師，似也，爲其可以言也。今既數月矣，未可以言與？』蚳鼃諫于王而不用，致爲臣而去。齊人曰：『所以爲蚳鼃則善矣，所以自爲，則吾不知也。』公都子以告。曰：『吾聞之也：有官守者，不得其職則去；有言責者，不得其言則去。我無官守，我無言責也，則吾進退，豈不綽綽然有餘裕哉？』

孟子爲卿于齊，出吊于滕，王使蓋大夫王驩爲輔行。王驩朝暮見，反齊、滕之路，未嘗與之言行事也。公孫丑曰：『齊卿之位，不爲小矣。齊、滕之路，不爲近矣。反之而未嘗與言行事，何也？』曰：『夫既或治之，予何言哉？』

孟子自齊葬于魯，反于齊，止于嬴。充虞請曰：『前日不知虞之不肖，使虞敦匠事。嚴，虞不敢請。今願竊有請也：木若以美然。』曰：『古者棺槨無度，中古棺七寸，椁稱之。自天子達于庶人，非直爲觀美也，然後盡于人心。不得，不可以爲悅；無財，不可以爲悅。得之爲有財，古之人皆用之，吾何爲獨不然？且比化者無使土親膚，于人心獨無恔乎？吾聞之也：君子不以天下儉其親。』

沈同以其私問曰：『燕可伐與？』孟子曰：『可。子噲不得與人燕，子之不得受燕于子噲。有仕于此，而子悅之，不告于王而私與之吾子之祿爵。夫士也，亦無王命而私受之于子，則可乎？何以異于是？』齊人伐燕。或問曰：『勸齊伐燕，有諸？』曰：『未也。沈同問「燕可伐與？」，吾應之曰：「可。」彼然而伐之也。彼如曰：「孰可以伐之？」則將應之曰：「爲天吏，則可以伐之。」今有殺人者，或問之曰：「人可殺與？」則將應之曰：「可。」彼如曰：「孰可以殺之？」則將應之曰：「爲士師，則可以殺之。」今以燕伐燕，何爲勸之哉？』

燕人畔。王曰：『吾甚慚于孟子。』陳賈曰：『王無患焉。王自以爲與周公孰仁且智？』王曰：『惡！是何言也！』曰：『周公使管叔監殷，管叔以殷畔。知而使之，是不仁也；不知而使之，是不智也。仁智，周公未之盡也，而況于王乎？賈請見而解之。』見孟子，問曰：『周公何人也？』曰：『古聖人也。』曰：『使管叔監殷，管叔以殷畔也，有諸？』曰：『然。』曰：『周公知其將畔而使之與？』曰：『不知也。』『然則聖人且有過與？』曰：『周公，弟也；管叔，兄也。周公之過，不亦宜乎！且古之君子，過則改之；今之君子，過則順之。古之君子，其過也，如日月之食，民皆見之，及其更也，民皆仰之。今之君子，豈徒順之，又從爲之辭。』

孟子致爲臣而歸。王就見孟子，曰：『前日願見而不可得，得侍同朝，甚喜，今又弃寡人而歸，不識可以繼此而得見乎？』對曰：『不敢請耳，固所願也。』他日，王謂時子曰：『我欲中國而授孟子室，養弟子以萬鍾，使諸大夫國人皆有所矜式。子盍爲我言之！』時子因陳子而以告孟子，陳子以時子之言告孟子。孟子曰：『然。夫時子惡知其不可也？如使予欲富，辭十萬而受萬，是爲欲富乎？

季孫曰：「異哉子叔疑！使己爲政，不用，則亦已矣，又使其子弟爲卿。人亦孰不欲富貴？而獨于富貴之中有私龍斷焉。」古之爲市也，以其所有易其所無者，有司者治之耳。有賤丈夫焉，必求龍斷而登之，以左右望而罔市利。人皆以爲賤，故從而征之。征商自此賤丈夫始矣。』

孟子去齊，宿于晝。有欲爲王留行者，坐而言。不應，隱几而卧。客不悦，曰：『弟子齊宿而後敢言，夫子卧而不聽，請勿復敢見矣。』曰：『坐！我明語子。昔者魯繆公無人乎子思之側，則不能安子思；泄柳、申詳無人乎繆公之側，則不能安其身。子爲長者慮，而不及子思。子絶長者乎？長者絶子乎？』

孟子去齊。尹士語人曰：『不識王之不可以爲湯、武，則是不明也；識其不可，然且至，則是干澤也。千里而見王，不遇故去，三宿而後出晝，是何濡滯也？士則茲不悦。』高子以告。曰：『夫尹士惡知予哉？千里而見王，是予所欲也。不遇故去，豈予所欲哉？予不得已也。予三宿而出晝，于予心猶以爲速，王庶幾改之！王如改諸，則必反予。夫出晝而王不予追也，予然後浩然有歸志。予雖然，豈舍王哉！王由足用爲善。王如用予，則豈徒齊民安，天下之民舉安。王庶幾改之！予日望之！予豈若是小丈夫然哉？諫于其君而不受，則怒，悻悻然見于其面，去則窮日之力而後宿哉？』尹士聞之，曰：『士誠小人

也。』

孟子去齊，充虞路問曰：『夫子若有不豫色然。前日虞聞諸夫子曰：「君子不怨天，不尤人。」』曰：『彼一時，此一時也。五百年必有王者興，其間必有名世者。由周而來，七百有餘歲矣。以其數，則過矣；以其時考之，則可矣。夫天未欲平治天下也，如欲平治天下，當今之世，舍我其誰也？吾何爲不豫哉？』

孟子去齊，居休。公孫丑問曰：『仕而不受祿，古之道乎？』曰：『非也。于崇，吾得見王。退而有去志，不欲變，故不受也。繼而有師命，不可以請。久于齊，非我志也。』

卷五 滕文公章句上

滕文公爲世子，將之楚，過宋而見孟子。孟子道性善，言必稱堯、舜。

世子自楚反，復見孟子。孟子曰：『世子疑吾言乎？夫道一而已矣。成覸謂齊景公曰：「彼，丈夫也；我，丈夫也，吾何畏彼哉？」顔淵曰：「舜，何人也？予，何人也？有爲者亦若是！」公明儀曰：「文王，我師也；周公豈欺我哉？」今滕，絶長補短，將五十里也，猶可以爲善國。《書》曰：「若藥不瞑眩，厥疾不瘳。」』

滕定公薨。世子謂然友曰：『昔者孟子嘗與我言于

宋，于心終不忘。今也不幸至于大故，吾欲使子問于孟子，然後行事。』然友之鄒，問于孟子。孟子曰：『不亦善乎！親喪，固所自盡也。曾子曰：「生，事之以禮；死，葬之以禮，祭之以禮，可謂孝矣。」諸侯之禮，吾未之學也。雖然，吾嘗聞之矣：三年之喪，齊疏之服，飦粥之食，自天子達于庶人，三代共之。』然友反命，定爲三年之喪。父兄百官皆不欲，故曰：『吾宗國魯先君莫之行，吾先君亦莫之行也，至于子之身而反之，不可。且《志》曰：「喪祭從先祖。」』曰：「吾有所受之也。」謂然友曰：『吾他日未嘗學問，好馳馬試劍。今也父兄百官不我足也，恐其不能盡于大事，子爲我問孟子。』然友復之鄒，問孟子。孟子曰：

『然，不可以他求者也。』孔子曰：「君薨，聽于冢宰，歠粥，面深墨，即位而哭，百官有司莫敢不哀，先之也。」上有好者，下必有甚焉者矣。君子之德，風也；小人之德，草也。草尚之風，必偃。是在世子。』然友反命。世子曰：『然，是誠在我。』五月居廬，未有命戒。百官族人，可謂曰知。及至葬，四方來觀之，顏色之戚，哭泣之哀，吊者大悦。

滕文公問爲國。孟子曰：『民事不可緩也。《詩》云：「晝爾于茅，宵爾索綯。亟其乘屋，其始播百穀。」民之爲道也，有恒産者有恒心，無恒産者無恒心。苟無恒心，放僻邪侈，無不爲已。及陷乎罪，然後從而刑之，是罔民也。焉有仁人在位罔民而可爲也？是故賢君必恭儉禮下，取于民有制。陽虎曰：「爲富不仁矣，爲仁不富矣。」夏后氏五十而貢，殷人七十而助，周人百畝而徹，其實皆什一也。徹者，徹也；助者，藉也。龍子曰：「治地莫善于助，莫不善于貢。」貢者，挍數歲之中以爲常。樂歲，粒米狼戾，多取之而不爲虐，則寡取之；凶年，糞其田而不足，則必取盈焉。爲民父母，使民盻盻然，將終歲勤動，不得以養其父母，又稱貸而益之，使老稚轉乎溝壑，惡在其爲民父母也？夫世祿，滕固行之矣。《詩》云：「雨我公田，遂及我私。」惟助爲有公田。由此觀之，雖周亦助也。設爲庠序學校以教之。庠者，養也；校者，教也；序者，射也。夏曰校，殷曰序，周曰庠；學則三代共之，皆所以明人倫也。人倫明于上，小民親于下。有王者起，必來取法，是爲王者師也。《詩》云：「周雖舊邦，其命維新。」文王之謂也。子力行之，亦以新子之國。』使畢戰問井地。孟子曰：『子之君將行仁政，選擇而使子，子必勉之！夫仁政，必自經界始。經界不正，井地不鈞，穀祿不平，是故暴君汙吏必慢其經界。經界既正，分田制祿可坐而定也。夫滕，壤地褊小，將爲君子焉，將爲野人焉。無君子，莫治野人；無野人，莫養君子。請野九一而助，國中什一使自賦。卿以下必有圭田，圭田五十畝，餘夫二十五畝。死徙無出鄉，鄉田同井，出入相友，守望相助，疾病相扶持，則百姓親睦。方里而井，井九百畝，其中爲公田。八家皆私百畝，同養公田；公事畢，然後敢治私事，所以別野人也。此其大略也。若夫潤澤之，則在君與子矣。』

有爲神農之言者許行，自楚之滕，踵門而告文公曰：『遠方之人聞君行仁政，願受一廛而爲氓。』文公與之處。其徒數十人，皆衣褐，捆屨，織席以爲食。陳良之徒陳相與其弟辛負耒耜而自宋之滕，曰：『聞君行聖人之政，是亦聖人也，願爲聖人氓。』陳相見許行而大悅，盡弃其學而學焉。陳相見孟子，道許行之言曰：『滕君則誠賢君也；雖然，未聞道也。賢者與民并耕而食，饔飧而治。今也滕有倉廩府庫，則是厲民而以自養也，惡得賢？』孟子曰：『許子必種粟而後食乎？』曰：『然。』『許子必織布然後衣乎？』曰：『否。許子衣褐。』『許子冠乎？』曰：『冠。』曰：『奚冠？』曰：『冠素。』曰：『自織之與？』曰：『否。以粟易之。』曰：『許子奚爲不自織？』曰：『害于耕。』曰：『許子以釜甑爨，以鐵耕乎？』曰：『然。』『自爲之與？』曰：『否。以粟易之。』『以粟易械器者，不爲厲陶冶？陶冶亦以其械器易粟者，豈爲厲農夫哉？且許子何不爲陶冶，舍皆取諸其宮中而用之？何爲紛紛然與百工交易？何許子之不憚煩？』曰：『百工之事固不可耕且爲也。』『然則治天下獨可耕且爲與？有大人之事，有小人之事。且一人之身，而百工之所爲備，如必自爲而後用之，是率天下而路也。故曰：或勞心，或勞力。勞心者治人，勞力者治于人；治于人者食人，治人者食于人，天下之通義也。』『當堯之時，天下猶未平，洪水橫流，氾濫于天下，草木暢茂，禽獸繁殖，五穀不登，禽獸偪人，獸蹄鳥迹之道交于中國。堯獨憂之，舉舜而敷治焉。舜使益掌火，益烈山澤而焚之，禽獸逃匿。禹疏九河，瀹濟、漯而注諸海，決汝、漢，排淮、泗而注之江，然後中國可得而食也。當是時也，禹八年于外，三過其門而不入，雖欲耕，得乎？后稷教民稼穡，樹藝五穀，五穀熟而民人育。人之有道也，飽食、暖衣、逸居而無教，則近于禽獸。聖人有憂之，使契爲司徒，教以人倫：父子有親，君臣有義，夫婦有別，長幼有叙，朋友有信。放勳曰：「勞之來之，匡之直之，輔之翼之，使自得之，又從而振德之。」聖人之憂民如此，而暇耕乎？ 堯以不得舜爲己憂，舜以不得禹、皋陶爲己憂。 夫以百畝之不易爲己憂者，農夫也。 分人以財謂之惠，教人以善謂之忠，爲天下得人者謂之仁。 是故以天下與人易，爲天下得人難。 孔子曰：「大哉堯之爲君！ 惟天爲大，惟堯則之，蕩蕩乎民無能名焉！ 君哉舜也！ 巍巍乎有天下而不與焉！」堯、舜之治天下，豈無所用其心哉？ 亦不用于耕耳。 吾聞用夏變夷者，未聞變于夷者也。 陳良，楚産也，悦周公、仲尼之道，北學于中國。 北方之學者，未能或之先也。 彼所謂豪杰之士也，子之兄弟事之數十年，師死而遂倍之！ 昔者孔子没，三年之外，門人治任將歸，入揖于子貢，相嚮而哭，皆失聲，然後歸。 子貢反，築室于場，獨居三年，然後歸。 他日，子夏、子張、子游以有若似聖人，欲以所事孔子事之，强曾子。 曾子曰：「不可。 江、漢以濯之，秋陽以暴之，皜皜乎不可尚已。」今也南蠻鴃舌之人非先王之道，子倍子之師而學之，亦異于曾子矣。 吾聞出于幽谷遷于喬木者，未聞下喬木而入于幽谷者。《魯頌》曰：「戎狄是膺，荆舒是懲。」周公方且膺之，子是之學，亦爲不善變矣。」『從許子之道，則市賈不貳，國中無僞。 雖使五尺之童適市，莫之或欺。 布帛長短同，則賈相若；麻縷絲絮輕重同，則賈相若；五穀多寡同，則賈相若；屨大小同，則賈相若。』曰：『夫物之不齊，物之情也。 或相倍蓰，或相什百，或相千萬。子比而同之，是亂天下也。巨屨小屨同賈，人豈爲之哉？從許子之道，相率而爲僞者也，惡能治國家？』

墨者夷之因徐辟而求見孟子。孟子曰：『吾固願見，今吾尚病，病愈，我且往見，夷子不來！』他日，又求見孟子。孟子曰：『吾今則可以見矣。不直，則道不見；我且直之。吾聞夷子墨者，墨之治喪也，以薄爲其道也。夷子思以易天下，豈以爲非是而不貴也？然而夷子葬其親厚，則是以所賤事親也。』徐子以告夷子。夷子曰：『儒者之道，古之人若保赤子，此言何謂也？之則以爲愛無差等，施由親始。』徐子以告孟子。孟子曰：『夫夷子信以爲人之親其兄之子爲若親其鄰之赤子乎？彼有取爾也。赤子匍匐將入井，非赤子之罪也。且天之生物也，使之一本，而夷子二本故也。蓋上世嘗有不葬其親者，其親死，則舉而委之于壑。他日過之，狐狸食之，蠅蚋姑嘬之。其顙有泚，睨而不視。夫泚也，非爲人泚，中心達于面目，蓋歸反虆梩而掩之。掩之誠是也，則孝子仁人之掩其親，亦必有道矣。』徐子以告夷子。夷子憮然爲間曰：『命之矣。』

卷六　滕文公章句下

陳代曰：『不見諸侯，宜若小然。今一見之，大則以王，小則以霸。且《志》曰「枉尺而直尋，」宜若可爲也。』孟子曰：『昔齊景公田，招虞人以旌。不至，將殺之。志士不忘在溝壑，勇士不忘喪其元。孔子奚取焉？取非其招不往也。如不待其招而往，何哉？且夫枉尺而直尋者，以利言也。如以利，則枉尋直尺而利，亦可爲與？昔者趙簡子使王良與嬖奚乘，終日而不獲一禽。嬖奚反命曰：「天下之賤工也。」或以告王良。良曰：「請復之。」强而後可，一朝而獲十禽。嬖奚反命曰：「天下之良工也。」簡子曰：「我使掌與女乘。」謂王良。良不可，曰：「吾爲之範我馳驅，終日不獲一；爲之詭遇，一朝而獲十。《詩》云：『不失其馳，舍矢如破。』我不貫與小人乘，請辭。」御者且羞與射者比，比而得禽獸，雖若丘陵，弗爲也。如枉道而從彼，何也？且子過矣：枉己者，未有能直人者也。』

景春曰：『公孫衍、張儀豈不誠大丈夫哉？一怒而諸侯懼，安居而天下熄。』孟子曰：『是焉得爲大丈夫乎？子未學禮乎？丈夫之冠也，父命之；女子之嫁也，母命之，往送之門，戒之曰：「往之女家，必敬必戒，無違夫子！」以順爲正者，妾婦之道也。居天下之廣居，立天下之正位，行天下之大道。得志，與民由之；不得志，獨行其道。富貴不能淫，貧賤不能移，威武不能屈，此之謂大丈夫。』

周霄問曰：『古之君子仕乎？』孟子曰：『仕。《傳》曰：「孔子三月無君，則皇皇如也。出疆必載質。」公明儀曰：「古之人三月無君，則弔。」』『三月無君則弔，不以急乎？』曰：『士之失位也，猶諸侯之失國家也。《禮》曰：「諸侯耕助，以供粢盛；夫人蠶繅，以爲衣服。犧牲不成，粢盛不潔，衣服不備，不敢以祭。惟士無田，則亦不祭。」牲殺、器皿、衣服不備，不敢以祭，則不敢以宴，亦不足弔乎？』『出疆必載質，何也？』曰：『士之仕也，猶農夫之耕也。農夫豈爲出疆舍其耒耜哉？』曰：『晉國亦仕國也，未嘗聞仕如此其急。仕如此其急也，君子之難仕，何也？』曰：『丈夫生而願爲之有室，女子生而願爲之有家。父母之心，人皆有之。不待父母之命、媒妁之言，鑽穴隙相窺，踰墻相從，則父母國人皆賤之。古之人未嘗不欲仕也，又惡不由其道。不由其道而往者，與鑽穴隙之類也。』

彭更問曰：『後車數十乘，從者數百人，以傳食于諸侯，不以泰乎？』孟子曰：『非其道，則一簞食不可受于人；如其道，則舜受堯之天下，不以爲泰。子以爲泰乎？』曰：『否。士無事而食，不可也。』曰：『子不通功易事，以羨補不足，則農有餘粟，女有餘布；子如通之，則梓、匠、輪、輿皆得食于子。于此有人焉，入則孝，出則悌，守先王之道，以待後之學者，而不得食于子。子何尊梓、匠、輪、輿而輕爲仁義者哉？』曰：『梓、匠、輪、輿，其志將以求食也；君子之爲道也，其志亦將以求食與？』曰：『子何以其志爲哉？其有功于子，可食而食之矣。且子食志乎？食功乎？』曰：『食志。』曰：『有人于此，毀瓦畫墁，其志將以求食也，則子食之乎？』曰：『否。』曰：『然則子非食志也，食功也。』

萬章問曰：『宋，小國也，今將行王政，齊、楚惡而伐之，則如之何？』孟子曰：『湯居亳，與葛爲鄰。葛伯放而不祀，湯使人問之曰：「何爲不祀？」曰：「無以供犧牲也。」湯使遺之牛羊。葛伯食之，又不以祀。湯又使人問之曰：「何爲不祀？」曰：「無以供粢盛也。」湯使亳衆往爲之耕，老弱饋食。葛伯率其民，要其有酒食黍稻者奪之，不授者殺之。有童子以黍肉餉，殺而奪之。《書》曰：「葛伯仇餉。」此之謂也。爲其殺是童子而征之，四海之内皆曰：「非富天下也，爲匹夫匹婦復讎也。」湯始征，自葛載。十一征而無敵于天下。東面而征，西夷怨；南面而征，北狄怨。曰：「奚爲後我？」民之望之，若大旱之望雨也。歸市者弗止，芸者不變。誅其君，吊其民，如時雨降，民大悦。《書》曰：「徯我后，后來其無罰。」「有攸不惟臣，東征，綏厥士女。匪厥玄黄，紹我周王見休，惟臣附于大邑周。」其君子實玄黄于匪以迎其君子，其小人簞食壺漿以迎其小人。救民于水火之中，取其殘而已矣。《太誓》曰：「我武惟揚，侵于之疆，則取于殘，殺伐用張，于湯有光。」不行王政云爾；苟行王政，四海之内皆舉首而望之，欲以爲君。齊、楚雖大，何畏焉？』

孟子謂戴不勝曰：『子欲子之王之善與？我明告子。有楚大夫于此，欲其子之齊語也，則使齊人傅諸？使楚人傅諸？』曰：『使齊人傅之。』曰：『一齊人傅之，衆楚人咻之，雖日撻而求其齊也，不可得矣；引而置之莊岳之間數年，雖日撻而求其楚，亦不可得矣。子謂薛居州，善士也，使之居于王所。在于王所者，長幼卑尊皆薛居州也，王誰與爲不善？在王所者，長幼卑尊皆非薛居州也，王誰與爲善？一薛居州，獨如宋王何？』

公孫丑問曰：『不見諸侯，何義？』孟子曰：『古者不爲臣不見。段干木逾垣而辟之，泄柳閉門而不内，是皆已甚。迫，斯可以見矣。陽貨欲見孔子而惡無禮，大夫有賜于士，不得受于其家，則往拜其門。陽貨瞰孔子之亡也，而饋孔子蒸豚。孔子亦瞰其亡也，而往拜之。當是時，陽貨先，豈得不見？曾子曰：「脅肩諂笑，病于夏畦。」子路曰：「未同而言，觀其色赧赧然，非由之所知也。」由是觀之，則君子之所養，可知已矣。』

戴盈之曰：『什一，去關市之征，今兹未能，請輕之，以待來年，然後已，何如？』孟子曰：『今有人日攘其鄰之鷄者，或告之曰：「是非君子之道。」曰：「請損之，月攘一鷄，以待來年，然後已。」如知其非義，斯速已矣，何待來年？」

公都子曰：「外人皆稱夫子好辯，敢問何也？」孟子曰：「予豈好辯哉？予不得已也。天下之生久矣，一治一亂。當堯之時，水逆行，氾濫于中國，蛇龍居之，民無所定。下者爲巢，上者爲營窟。《書》曰：「洚水警余。」洚水者，洪水也。使禹治之。禹掘地而注之海，驅蛇龍而放之菹。水由地中行，江、淮、河、漢是也。險阻既遠，鳥獸之害人者消，然後人得平土而居之。堯、舜既没，聖人之道衰，暴君代作。壞宮室以爲汚池，民無所安息；弃田以爲園囿，

使民不得衣食。邪説暴行又作，園囿、汚池、沛澤多而禽獸至。及紂之身，天下又大亂。周公相武王，誅紂伐奄，三年討其君，驅飛廉于海隅而戮之，滅國者五十，驅虎、豹、犀、象而遠之，天下大悦。《書》曰：「丕顯哉，文王謨！丕承哉，武王烈！佑啓我後人，咸以正無缺。」世衰道微，邪説暴行有作，臣弑其君者有之，子弑其父者有之。孔子懼，作《春秋》。《春秋》，天子之事也。是故孔子曰：「知我者其惟《春秋》乎！罪我者其惟《春秋》乎！」聖王不作，諸侯放恣，處士橫議，楊朱、墨翟之言盈天下。天下之言不歸楊，則歸墨。楊氏爲我，是無君也；墨氏兼愛，是無父也。無父無君，是禽獸也。公明儀曰：「庖有肥肉，

厩有肥馬；民有飢色，野有餓莩，此率獸而食人也。』楊墨之道不息，孔子之道不著，是邪説誣民，充塞仁義也。仁義充塞，則率獸食人，人將相食。吾爲此懼，閑先聖之道，距楊墨，放淫辭，邪説者不得作。作于其心，害于其事；作于其事，害于其政。聖人復起，不易吾言矣。昔者禹抑洪水而天下平，周公兼夷狄，驅猛獸而百姓寧，孔子成《春秋》而亂臣賊子懼。《詩》云：「戎狄是膺，荆舒是懲，則莫我敢承。」無父無君，是周公所膺也。我亦欲正人心，息邪説，距詖行，放淫辭，以承三聖者，豈好辯哉？予不得已也。能言距楊墨者，聖人之徒也。』

匡章曰：『陳仲子豈不誠廉士哉？居於陵，三日不食，耳無聞，目無見也。井上有李，螬食實者過半矣。匍匐往將食之，三咽，然後耳有聞，目有見。』孟子曰：『于齊國之士，吾必以仲子爲巨擘焉。雖然，仲子惡能廉？充仲子之操，則蚓而後可者也。夫蚓，上食槁壤，下飲黄泉。仲子所居之室，伯夷之所築與？抑亦盗蹠之所築與？所食之粟，伯夷之所樹與？抑亦盗跖之所樹與？是未可知也。』曰：『是何傷哉？彼身織屨，妻辟纑，以易之也。』曰：『仲子，齊之世家也。兄戴，蓋禄萬鍾。以兄之禄爲不義之禄而不食也，以兄之室爲不義之室而不居也，辟兄離母，處于於陵。他日歸，則有饋其兄生鵝者，已頻顣曰：「惡用是鶂鶂者爲哉？」他日，其母殺是鵝也，與之食之。

其兄自外至，曰：「是鶂鶂之肉也。」出而哇之。以母則不食，以妻則食之；以兄之室則弗居，以於陵則居之，是尚爲能充其類也乎？若仲子者，蚓而後充其操者也。』

卷七　離婁章句上

孟子曰：『離婁之明，公輸子之巧，不以規矩，不能成方圓；師曠之聰，不以六律，不能正五音；堯、舜之道，不以仁政，不能平治天下。今有仁心仁聞而民不被其澤，不可法于後世者，不行先王之道也。故曰：徒善不足以爲政，徒法不能以自行。《詩》云：「不愆不忘，率由舊章。」遵先王之法而過者，未之有也。聖人既竭目力焉，繼之以規矩準繩，以爲方員平直，不可勝用也；既竭耳力焉，繼之以六律正五音，不可勝用也；既竭心思焉，繼之以不忍人之政，而仁覆天下矣。故曰：爲高必因丘陵，爲下必

因川澤。爲政不因先王之道，可謂智乎？是以惟仁者宜在高位，不仁而在高位，是播其惡于衆也。上無道揆也，下無法守也，朝不信道，工不信度，君子犯義，小人犯刑，國之所存者幸也。故曰：城郭不完，兵甲不多，非國之灾也；田野不辟，貨財不聚，非國之害也。上無禮，下無學，賊民興，喪無日矣。《詩》曰：「天之方蹶，無然泄泄。」泄泄，猶沓沓也。事君無義，進退無禮，言則非先王之道者，猶沓沓也。故曰：責難于君謂之恭，陳善閉邪謂之敬，吾君不能謂之賊。』

孟子曰：『規矩，方員之至也；聖人，人倫之至也。欲爲君，盡君道；欲爲臣，盡臣道。二者皆法堯、舜而已

矣。不以舜之所以事堯事君，不敬其君者也；不以堯之所以治民治民，賊其民者也。孔子曰：「道二，仁與不仁而已矣。」暴其民甚，則身弑國亡；不甚，則身危國削。名之曰「幽」、「厲」，雖孝子慈孫，百世不能改也。《詩》云：「殷鑒不遠，在夏后之世」此之謂也。』

孟子曰：『三代之得天下也以仁，其失天下也以不仁。國之所以廢興存亡者亦然。天子不仁，不保四海；諸侯不仁，不保社稷；卿大夫不仁，不保宗廟；士庶人不仁，不保四體。今惡死亡而樂不仁，是由惡醉而强酒。』

孟子曰：『愛人不親，反其仁；治人不治，反其智；禮人不答，反其敬。行有不得者皆反求諸己，其身正而天

下歸之。《詩》云：「永言配命，自求多福。」』

孟子曰：『人有恒言，皆曰「天下國家」。天下之本在國，國之本在家，家之本在身。』

孟子曰：『爲政不難，不得罪于巨室。巨室之所慕，一國慕之；一國之所慕，天下慕之。故沛然德教溢乎四海。』

孟子曰：『天下有道，小德役大德，小賢役大賢；天下無道，小役大，弱役强。斯二者，天也。順天者存，逆天者亡。齊景公曰：「既不能令，又不受命，是絶物也。」涕出而女于吴。今也小國師大國而耻受命焉，是猶弟子而耻受命于先師也。如耻之，莫若師文王。師文王，大國五年，

小國七年，必爲政于天下矣。《詩》云：「商之孫子，其麗不億。上帝既命，侯于周服。侯服于周，天命靡常。殷士膚敏，祼將于京。」孔子曰：「仁不可爲衆也。夫國君好仁，天下無敵。」今也欲無敵于天下而不以仁，是猶執熱而不以濯也。《詩》云：「誰能執熱，逝不以濯？」』

孟子曰：『不仁者可與言哉？安其危而利其灾，樂其所以亡者。不仁而可與言，則何亡國敗家之有？有孺子歌曰：「滄浪之水清兮，可以濯我纓；滄浪之水濁兮，可以濯我足。」孔子曰：「小子聽之！清斯濯纓，濁斯濯足矣。自取之也。」夫人必自侮，然後人侮之；家必自毁，而後人毁之；國必自伐，而後人伐之。《太甲》曰：「天作孽，猶可違。自作孽，不可活。」此之謂也。』

孟子曰：『桀紂之失天下也，失其民也；失其民者，失其心也。得天下有道：得其民，斯得天下矣。得其民有道：得其心，斯得民矣。得其心有道：所欲與之聚之，所惡勿施爾也。民之歸仁也，猶水之就下、獸之走壙也。故爲淵驅魚者，獺也；爲叢驅爵者，鸇也；爲湯武驅民者，桀與紂也。今天下之君有好仁者，則諸侯皆爲之驅矣。雖欲無王，不可得已。今之欲王者，猶七年之病求三年之艾也。苟爲不畜，終身不得。苟不志于仁，終身憂辱，以陷于死亡。《詩》云：「其何能淑？載胥及溺。」此之謂也。』

孟子曰：『自暴者，不可與有言也；自弃者，不可與有爲也。言非禮義，謂之自暴也。吾身不能居仁由義，謂之自弃也。仁，人之安宅也；義，人之正路也。曠安宅而弗居，舍正路而不由，哀哉！』

孟子曰：『道在爾而求諸遠，事在易而求諸難。人人親其親，長其長，而天下平。』

孟子曰：『居下位而不獲于上，民不可得而治也。獲于上有道：不信于友，弗獲于上矣。信于友有道：事親弗悦，弗信于友矣。悦親有道：反身不誠，不悦于親矣。誠身有道？不明乎善，不誠其身矣。是故誠者，天之道也。思誠者，人之道也。至誠而不動者，未之有也。不誠，未有能動者也。』

孟子曰：『伯夷辟紂，居北海之濱，聞文王作，興曰：「盍歸乎來！吾聞西伯善養老者。」太公辟紂，居東海之濱，聞文王作，興曰：「盍歸乎來！吾聞西伯善養老者。」二老者，天下之大老也，而歸之，是天下之父歸之也。天下之父歸之，其子焉往？諸侯有行文王之政者，七年之內，必爲政于天下矣。』

孟子曰：『求也爲季氏宰，無能改于其德，而賦粟倍他日。孔子曰：「求非我徒也。小子鳴鼓而攻之可也。」由此觀之，君不行仁政而富之，皆弃于孔子者也。況于爲之强戰？爭地以戰，殺人盈野；爭城以戰，殺人盈城，此所謂率土地而食人肉，罪不容于死。故善戰者服上刑，連諸侯者次之，辟草萊、任土地者次之。』

孟子曰：『存乎人者，莫良于眸子。眸子不能掩其惡。胸中正則眸子瞭焉，胸中不正則眸子眊焉。聽其言也，觀其眸子，人焉廋哉！』

孟子曰：『恭者不侮人，儉者不奪人。侮奪人之君，惟恐不順焉，惡得爲恭儉？恭儉豈可以聲音笑貌爲哉？』

淳于髡曰：『男女授受不親，禮與？』孟子曰：『禮也。』曰：『嫂溺，則援之以手乎？』曰：『嫂溺不援，是豺狼也。男女授受不親，禮也。嫂溺，援之以手者，權也。』曰：『今天下溺矣，夫子之不援，何也？』曰：『天下溺，援之以道。嫂溺，援之以手。子欲手援天下乎？』

公孫丑曰：『君子之不教子，何也？』孟子曰：『勢不行也。教者必以正。以正不行，繼之以怒。繼之以怒，則反夷矣。「夫子教我以正，夫子未出于正也。」則是父子相夷也。父子相夷，則惡矣。古者易子而教之，父子之間不責善。責善則離，離則不祥莫大焉。』

孟子曰：『事孰爲大？事親爲大。守孰爲大？守身爲大。不失其身而能事其親者，吾聞之矣。失其身而能事其親者，吾未之聞也。孰不爲事？事親，事之本也。孰不爲守？守身，守之本也。曾子養曾晳，必有酒肉。將徹，必請所與。問有餘，必曰：「有。」曾晳死，曾元養曾子，必有酒肉。將徹，不請所與。問有餘，曰：「亡矣。」將以復進也。此所謂養口體者也。若曾子，則可謂養志也。事親若曾子者，可也。』

孟子曰：『人不足與適也，政不足與間也。唯大人爲能格君心之非。君仁，莫不仁；君義，莫不義；君正，莫不正。一正君而國定矣。』

孟子曰：『有不虞之譽，有求全之毁。』

孟子曰：『人之易其言也，無責耳矣。』

孟子曰：『人之患在好爲人師。』

樂正子從于子敖之齊。樂正子見孟子。孟子曰：『子亦來見我乎？』曰：『先生何爲出此言也？』曰：『子來幾日矣？』曰：『昔者。』曰：『昔者，則我出此言也，不亦宜乎？』曰：『舍館未定。』曰：『子聞之也，舍館定，然後求見長者乎？』曰：『克有罪。』

孟子謂樂正子曰：『子之從于子敖來，徒餔啜也。我不意子學古之道而以餔啜也。』

孟子曰：『不孝有三，無後爲大。舜不告而娶，爲無後也，君子以爲猶告也。』

孟子曰：『仁之實，事親是也；義之實，從兄是也；智之實，知斯二者弗去是也；禮之實，節文斯二者是也；樂之實，樂斯二者，樂則生矣；生則惡可已也，惡可已，則不知足之蹈之手之舞之。』

孟子曰：『天下大悦而將歸己，視天下悦而歸己猶草芥也，惟舜爲然。不得乎親，不可以爲人；不順乎親，不可以爲子。舜盡事親之道而瞽瞍厎豫，瞽瞍厎豫而天下化，瞽瞍厎豫而天下之爲父子者定，此之謂大孝。』

卷八　離婁章句下

孟子曰：『舜生于諸馮，遷于負夏，卒于鳴條，東夷之人也。文王生于岐周，卒于畢郢，西夷之人也。地之相去也，千有餘里；世之相後也，千有餘歲。得志行乎中國，若合符節，先聖後聖，其揆一也。』

子産聽鄭國之政，以其乘輿濟人于溱洧。孟子曰：『惠而不知爲政。歲十一月，徒杠成；十二月，輿梁成，民未病涉也。君子平其政，行辟人可也，焉得人人而濟之？故爲政者，每人而悅之，日亦不足矣。』

孟子告齊宣王曰：『君之視臣如手足，則臣視君如腹

心；君之視臣如犬馬，則臣視君如國人；君之視臣如土芥，則臣視君如寇讎。』王曰：『禮，爲舊君有服。何如斯可爲服矣？』曰：『諫行言聽，膏澤下于民；有故而去，則使人導之出疆，又先于其所往；去三年不反，然後收其田里。此之謂三有禮焉。如此，則爲之服矣。今也爲臣，諫則不行，言則不聽，膏澤不下于民；有故而去，則君搏執之，又極之于其所往；去之日，遂收其田里。此之謂寇讎。寇讎何服之有？』

孟子曰：『無罪而殺士，則大夫可以去；無罪而戮民，則士可以徙。』

孟子曰：『君仁，莫不仁；君義，莫不義。』

孟子曰：『非禮之禮，非義之義，大人弗爲。』

孟子曰：『中也養不中，才也養不才，故人樂有賢父兄也。如中也弃不中，才也弃不才，則賢不肖之相去，其間不能以寸。』

孟子曰：『人有不爲也，而後可以有爲。』

孟子曰：『言人之不善，當如後患何？』

孟子曰：『仲尼不爲已甚者。』

孟子曰：『大人者，言不必信，行不必果，惟義所在。』

孟子曰：『大人者，不失其赤子之心者也。』

孟子曰：『養生者不足以當大事，惟送死可以當大事。』

孟子曰：『君子深造之以道，欲其自得之也。自得之，則居之安；居之安，則資之深；資之深，則取之左右逢其原，故君子欲其自得之也。』

孟子曰：『博學而詳説之，將以反説約也。』

孟子曰：『以善服人者，未有能服人者也。以善養人，然後能服天下。天下不心服而王者，未之有也。』

孟子曰：『言無實不祥。不祥之實，蔽賢者當之。』

徐子曰：『仲尼亟稱于水，曰「水哉，水哉！」何取于水也？』孟子曰：『原泉混混，不舍晝夜，盈科而後進，放乎四海。有本者如是，是之取爾。苟爲無本，七八月之間雨集，溝澮皆盈；其涸也，可立而待也。故聲聞過情，君子耻之。』

孟子曰：『人之所以異于禽獸者幾希，庶民去之，君之存之。舜明于庶物，察于人倫，由仁義行，非行仁義也。』

孟子曰：『禹惡旨酒而好善言。湯執中，立賢無方。文王視民如傷，望道而未之見。武王不泄邇，不忘遠。周公思兼三王，以施四事。其有不合者，仰而思之，夜以繼日；幸而得之，坐以待旦。』

孟子曰：『王者之迹熄而《詩》亡，《詩》亡然後《春秋》作。晋之《乘》，楚之《檮杌》，魯之《春秋》，一也。其事則齊桓、晋文，其文則史。孔子曰：「其義則丘竊取之矣。」』

孟子曰：『君子之澤五世而斬，小人之澤五世而斬。予未得爲孔子徒也，予私淑諸人也。』

孟子曰：『可以取，可以無取，取傷廉；可以與，可以無與，與傷惠；可以死，可以無死，死傷勇。』

逢蒙學射于羿，盡羿之道，思天下惟羿爲愈己，于是殺羿。孟子曰：『是亦羿有罪焉。』公明儀曰：『宜若無罪焉。』曰：『薄乎云爾，惡得無罪？鄭人使子濯孺子侵衛，衛使庾公之斯追之。子濯孺子曰：「今日我疾作，不可以執弓。吾死矣夫！」問其僕曰：「追我者誰也？」其僕曰：「庾公之斯也。」曰：「吾生矣。」其僕曰：「庾公之斯，衛之善射者也。夫子曰『吾生』，何謂也？」曰：「庾公之斯學射于尹公之他，尹公之他學射于我。夫尹公之他，端人也，其取友必端矣。」庾公之斯至，曰：「夫子何爲不執弓？」曰：「今日我疾作，不可以執弓。」曰：「小人學射于尹公之他，尹公之他學射于夫子。我不忍以夫子之道反害夫子。雖然，今日之事，君事也，我不敢廢。」抽矢，扣輪，去其金，發乘矢而後反。』

孟子曰：『西子蒙不潔，則人皆掩鼻而過之。雖有惡人，齊戒沐浴，則可以祀上帝。』

孟子曰：『天下之言性也，則故而已矣。故者以利爲本。所惡于智者，爲其鑿也。如智者若禹之行水也，則無惡于智矣。禹之行水也，行其所無事也。如智者亦行其所無事，則智亦大矣。天之高也，星辰之遠也，苟求其故，千歲之日至，可坐而致也。』

公行子有子之喪。右師往吊。入門，有進而與右師言者，有就右師之位而與右師言者。孟子不與右師言，右師不悦，曰：『諸君子皆與驩言，孟子獨不與驩言，是簡驩也。』孟子聞之，曰：『禮，朝廷不歷位而相與言，不逾階而相揖也。我欲行禮，子敖以我爲簡，不亦異乎？』

孟子曰：『君子所以異于人者，以其存心也。君子以仁存心，以禮存心。仁者愛人，有禮者敬人。愛人者，人恒愛之；敬人者，人恒敬之。有人于此，其待我以横逆，則君子必自反也：我必不仁也，必無禮也，此物奚宜至哉？

其自反而仁矣，自反而有禮矣，其橫逆由是也，君子必自反也，我必不忠。自反而忠矣，其橫逆由是也。君子曰：「此亦妄人也已矣。如此，則與禽獸奚擇哉？于禽獸又何難焉？」是故君子有終身之憂，無一朝之患也。乃若所憂則有之：舜，人也；我，亦人也。舜爲法于天下，可傳于後世，我由未免爲鄉人也，是則可憂也。憂之如何？如舜而已矣。若夫君子所患，則亡矣。非仁無爲也，非禮無行也。如有一朝之患，則君子不患矣。』

禹、稷當平世，三過其門而不入，孔子賢之。顏子當亂世，居于陋巷，一簞食，一瓢飲；人不堪其憂，顏子不改其樂，孔子賢之。孟子曰：『禹、稷、顏回同道。禹思天下有

溺者，由己溺之也；稷思天下有飢者，由己飢之也，是以如是其急也。禹、稷、顏子易地則皆然。今有同室之人鬭者，救之，雖被髮纓冠而救之，可也；鄉鄰有鬭者，被髮纓冠而往救之，則惑也，雖閉戶可也。』

公都子曰：『匡章，通國皆稱不孝焉。夫子與之遊，又從而禮貌之，敢問何也？』孟子曰：『世俗所謂不孝者五：惰其四支，不顧父母之養，一不孝也；博弈好飲酒，不顧父母之養，二不孝也；好貨財，私妻子，不顧父母之養，三不孝也；從耳目之欲，以爲父母戮，四不孝也；好勇鬭很，以危父母，五不孝也。章子有一于是乎？夫章子，子父責善而不相遇也。責善，朋友之道也。父子責善，賊

恩之大者。夫章子，豈不欲有夫妻子母之屬哉？爲得罪于父，不得近，出妻屏子，終身不養焉。其設心以爲不若是，是則罪之大者，是則章子已矣。』

曾子居武城，有越寇。或曰：『寇至，盍去諸？』曰：『無寓人于我室，毀傷其薪木。』寇退，則曰：『脩我墻屋，我將反。』寇退，曾子反。左右曰：『待先生如此其忠且敬也，寇至則先去以爲民望，寇退則反，殆于不可。』沈猶行曰：『是非汝所知也。昔沈猶有負芻之禍，從先生者七十人，未有與焉。』子思居于衛，有齊寇。或曰：『寇至，盍去諸？』子思曰：『如伋去，君誰與守？』孟子曰：『曾子、子思同道。曾子，師也，父兄也。子思，臣也，微也。曾子、子思易地則皆然。』

儲子曰：『王使人瞯夫子，果有以異于人乎？』孟子曰：『何以異于人哉？堯、舜與人同耳。』

齊人有一妻一妾而處室者，其良人出，則必饜酒肉而後反。其妻問所與飲食者，則盡富貴也。其妻告其妾曰：『良人出，則必饜酒肉而後反。問其與飲食者，盡富貴也，而未嘗有顯者來，吾將瞯良人之所之也。』蚤起，施從良人之所之，遍國中無與立談者。卒之東郭墦間，之祭者乞其餘；不足，又顧而之他：此其爲饜足之道也。其妻歸，告其妾曰：『良人者，所仰望而終身也。今若此！』與其妾訕其良人，而相泣于中庭。而良人未之知也，施施從外來，驕其妻妾。由君子觀之，則人之所以求富貴利達者，其妻妾不羞也，而不相泣者，幾希矣。